NOTICE

SUR

M. L'ABBÉ BAUTAIN

PRÉCÉDÉE D'UNE LETTRE

DE

M. GUIZOT

PARIS

BUREAUX DE LA *SEMAINE RELIGIEUSE*

2, PLACE DU PANTHÉON

1867

NOTICE

SUR

M. L'ABBÉ BAUTAIN

PRÉCÉDÉE D'UNE LETTRE

DE

M. GUIZOT

NOTICE

SUR

M. L'ABBÉ BAUTAIN

PRÉCÉDÉE D'UNE LETTRE

DE

M. GUIZOT

TROISIÈME ÉDITION

PARIS

BUREAUX DE LA *SEMAINE RELIGIEUSE*

2, PLACE DU PANTHÉON

1867

Tirée d'abord à dix mille exemplaires, cette notice biographique a été épuisée en quelques jours. Nous en publions aujourd'hui une nouvelle édition qu'on pourra plus facilement conserver. On y trouvera une lettre que M. Guizot vient d'adresser à l'auteur et où il rend un remarquable hommage aux éminentes qualités de M. Bautain.

De Soye, éditeur.

Val-Richer, 2 novembre 1867.

J'ai lu avec beaucoup d'intérêt et de satisfaction, Monsieur, votre notice sur M. l'abbé Bautain, et je vous remercie d'avoir pensé à me l'envoyer. J'ai beaucoup connu M. Bautain, avant et depuis son entrée dans les ordres. J'ai toujours fait très-grand cas de son caractère, de son esprit et de ses œuvres. Arrivé à la foi chrétienne par la philosophie, il a été de ceux qui ont constamment et sérieusement travaillé à défendre le Christianisme dans la société moderne et à faire comprendre et accepter la société moderne par l'Église chrétienne. Grande œuvre de laquelle dépendent ensemble l'ordre social et le progrès social et moral. J'espère que les collègues et les continuateurs ne manqueront pas à M. l'abbé Bautain dans cette salutaire entreprise, et je vous félicite, Monsieur, d'avoir rendu justice à sa mémoire.

Recevez, Monsieur, l'assurance de ma considération la plus distinguée.

GUIZOT.

M. L'ABBÉ BAUTAIN

Les éminentes qualités intellectuelles et morales de M. l'abbé Bautain, ses nombreux ouvrages philosophiques et religieux, la part éclatante qu'il a prise pendant un demi-siècle à toutes les luttes de la pensée, la sympathie et la vénération spéciale dont l'entouraient les hommes d'intelligence et de mérite, expriment beaucoup mieux que les regrets les plus éloquents la perte que font dans sa personne la religion et les lettres.

Peu d'écrivains ont consacré au développement des connaissances humaines des facultés aussi étendues et solides; peu de philosophes ont vengé avec autant de constance et d'éclat les droits sacrés de la raison et de la foi ; peu d'hommes ont mieux honoré leur temps et leur pays par le caractère, le talent, l'activité, la passion contenue, mais insatiable, de tout ce qui est beau et bon. A vingt ans, il professait avec tant de succès la philosophie dans une des facultés les plus renommées de France, que ses élèves, au rapport de l'un des plus distingués d'entre eux, ne se bornaient pas à suivre ses cours avec une respectueuse attention ; ils poussaient l'enthousiasme jusqu'à s'approprier le costume et les allures du brillant professeur. A soixante et onze ans, au moment où la mort l'a frappé, il s'occupait avec la plus consciencieuse exactitude de l'administration d'un grand diocèse et corrigeait les dernières épreuves d'un nouvel ouvrage de philosophie chrétienne. Par un de ces contrastes qu'on remarque rarement, même dans les natures les plus richement douées, M. Bautain déployait à vingt ans toute la réflexion et la gravité de l'âge mûr, et à soixante-dix ans toute l'activité et la fécondité du jeune âge.

Il n'était pas nécessaire d'être bien versé dans le monde de la science et des lettres pour constater la profonde estime qu'inspirait M. l'abbé Bautain aux écrivains et aux philosophes les moins croyants. Les professeurs de la faculté de Paris le signalaient comme un maître consommé dans l'enseignement public ; l'université et le clergé le revendiquaient comme une de leurs illustrations de famille ; sa parole et ses écrits jouissaient de la même autorité et de la même faveur auprès des hommes intelligents les plus religieux et les plus sceptiques. On ne saurait assez dire à sa louange combien il honorait le sacerdoce et rehaussait le clergé français aux yeux du corps universitaire et des laïques distingués.

Rappelons d'abord en termes sommaires les principales phases d'une vie si laborieuse et si utile ; nous tracerons ensuite une rapide esquisse des facultés si variées et si solides qu'il a consacrées pendant cinquante ans au service de l'Eglise et du pays.

II

Né à Paris, le 17 février 1796, Louis-Eugène-Marie Bautain reçut une éducation très-soignée au point de vue intellectuel. On comprend facilement qu'elle ne dut pas être aussi complète sous le rapport religieux, à une époque où l'on sortait à peine de la tourmente révolutionnaire, et où l'enseignement catholique ne pouvait pas reconquérir tout d'un coup dans la grande cité la puissante organisation qu'il y possède aujourd'hui. L'événement toutefois ne devait pas tarder à prouver qu'au milieu de ses travaux scolaires et de ses préoccupations d'avenir le jeune Bautain était animé d'un esprit foncièrement religieux.

Sa rare aptitude pour toutes les connaissances humaines, ses goûts sérieux, ses brillants succès classiques le déterminèrent de
bonne heure à s'enrôler dans la carrière de
l'enseignement. A dix-sept ans, il entrait à
l'École normale, où il eut Cousin pour professeur et Jouffroy pour condisciple. Il éton-
nait l'un et l'autre par une égale facilité à
exceller dans la sphère de la philosophie,
des sciences et des lettres. Aussi lui confia-
t-on, à l'âge de vingt ans, la chaire de philosophie au lycée de Strasbourg; quelques
mois après, il se voyait appelé à professer
le même cours dans la faculté de cette ville.
Cet avancement précoce, déjà justifié par
une capacité exceptionnelle, ne le fut pas
moins par la faveur du public qui se pressait
avec avidité autour de sa chaire. Il exerçait
sur les jeunes gens de Strasbourg l'empire et

le prestige qu'il devait exercer plus tard, à la faculté de Paris, sur des auditeurs plus ré-fléchis et d'un âge plus mûr. Il est vrai qu'à cette époque la jeunesse se passionnait avec une fougue voisine de la turbulence pour les questions philosophiques et littéraires et les maîtres éminents chargés de les traiter devant elle. Mais cette passion, malgré les regrettables écarts auxquels elle donnait quelquefois lieu, ne supposait-elle pas des instincts plus élevés que ceux qui précipitent une jeunesse moins enthousiaste dans l'oisiveté et les jouissances matérielles?

M. Bautain avait un esprit trop profond et trop droit pour se contenter d'un système de philosophie rationaliste, éclectique ou matérialiste, qui pouvait suffire à des intelligences moins saines et moins élevées. Le savant et consciencieux professeur fut promp-

tement amené à chercher la vérité philosophique sur les hauteurs du catholicisme, et
comme il avait des instincts trop généreux
pour faire les choses à demi, il se jeta tout
entier dans les bras de la religion et se pré-
para avec une édifiante ardeur à la carrière
sacerdotale.

Cette réponse instantanée à l'appel de Dieu,
surtout à une époque où, d'un côté, tout lui
souriait dans la vie, et où, d'un autre côté,
sous le souffle d'un faux libéralisme, le clergé
de France se voyait chaque jour atteint par
le dénigrement, l'injustice et la calomnie,
montre tout ce qu'il y avait de droiture, de
loyauté et de virilité dans l'âme de M. Bautain. Il prouvait aux autres et il se prouvait
à lui-même qu'en face du devoir, quelques
sacrifices qu'il impose, il n'était pas homme
à discuter, à tergiverser ou à faiblir.

Est-il nécessaire de remarquer qu'il s'appliqua à l'étude de la théologie et des livres saints avec le même goût et le même succès qu'il avait déjà déployés dans l'étude des sciences profanes? Il n'y avait rien d'inaccessible et de difficile pour l'intelligence de M. Bautain; elle franchissait toutes les hauteurs, elle rayonnait dans toutes les sphères, et partout elle se trouvait sur son véritable terrain. Si, malgré ses remarquables travaux qui touchent à toutes les branches des connaissances humaines, il n'a montré dans aucune d'elles, excepté celle de l'enseignement, un caractère incontestable d'originalité, on peut dire cependant que là où l'esprit de M. Bautain est vraiment original, là où il s'approche des régions du génie, c'est dans sa merveilleuse aptitude à tout étudier, à tout comprendre, à tout enseigner. Son quintuple diplôme de docteur est peut-être un fait unique dans les annales de l'esprit humain. M. Bautain était, en effet, docteur ès lettres, docteur ès sciences, docteur en droit, docteur en médecine, docteur en théologie. L'étendue du savoir ne nuisait en rien à sa profondeur. Explorez tous les replis de son intelligence, disséquez ses nombreuses productions, vous n'y trouverez jamais rien de superficiel, jamais rien de banal.

III

Après avoir reçu, en 1828, la consécration sacerdotale, M. Bautain fut nommé chanoine de la cathédrale de Strasbourg et directeur du petit séminaire diocésain. Il édifia le clergé par ses vertus comme il avait étonné les laïques par son savoir. Cependant quelques-unes des doctrines qu'il émettait sur le fidéisme, le naturalisme et les délicates questions relatives à la délimitation précise des droits de la raison et de la foi, parurent exagérées et suspectes à son évêque, Mgr de Trevern, qui en appela au jugement de Rome. Elles furent censurées, et M. Bautain se soumit à la décision du Saint-Siége avec une promptitude et un respect qu'il est peut-être plus facile d'admirer que d'imiter. Lorsqu'un homme d'une telle valeur et d'une telle notoriété a professé par un acte aussi éclatant et aussi méritoire son inviolable attachement à la chaire de Pierre, il n'a sans doute fait que ce qu'il avait à faire ; mais il n'en a pas moins agi avec une perfection à la pratique de laquelle nous ne voudrions pas voir exposer tout le monde. Le soldat qui monte vaillamment sur la brèche et brave mille fois la mort pour l'honneur du drapeau accomplit simplement son devoir ; mais qui oserait désormais suspecter sa bravoure ? Dévouement et fidélité à toute épreuve, comme M. Bautain, à la cause de Dieu et de l'Église, que pourrait-on exiger de plus héroïque et de plus exemplaire, même des catholiques militants de nos jours, qui, en présence des violentes attaques dirigées contre

l'Eglise, la papauté et les croyances chré-
tiennes, ne reculent devant aucune initiative,
aucun effort, aucun sacrifice pour affirmer
leur inviolable attachement à cette grande et
sainte cause ?

En 1838, M. Bautain fut nommé doyen de
la faculté des lettres de Strasbourg et occupa
ce poste universitaire pendant onze ans.
Comme il consacrait une grande partie de
son activité à la haute direction du célèbre
collége de Juilly, il interrompit son cours,
au grand regret de ses fidèles auditeurs, et
compta au nombre de ses suppléants M. Fer-
rari, aujourd'hui député au parlement italien,
et M. Janet, un des professeurs actuels de la
faculté des lettres de Paris.

En 1848, il fit dans l'église métropolitaine
de Notre-Dame une série de conférences sur
l'accord de la religion et de la liberté. Elles

furent suivies par les hommes qui professaient en politique les opinions les plus radicales, et c'est à elles qu'on doit en partie les sympathies publiques dont furent entourés l'Église et le clergé de France à cette époque critique de notre histoire.

En 1849, Mgr Sibour, qui désirait grouper autour de lui des hommes d'un mérite éclatant, l'appela à prendre part à l'administration du diocèse de Paris avec le titre de promoteur et de vicaire général. M. Bautain fut en outre nommé président de la commission des études, qui était spécialement chargée de l'examen des livres soumis à l'approbation archiépiscopale. Il s'occupa également avec activité de la nouvelle circonscription des paroisses et de l'institution des chapelains de Sainte-Geneviève. Toutes les mesures qui avaient pour but d'encourager la science ecclésiastique et de consacrer l'influence sociale du clergé trouvaient en lui un soutien zélé et intelligent.

En 1853, il se chargea du cours de théologie morale à la Sorbonne. Sa rentrée dans la carrière de l'enseignement public, où il avait déjà obtenu les plus grands succès, fut saluée avec bonheur par la jeunesse des écoles et les hommes studieux qui cherchent dans le professeur le double prestige et la double autorité d'une doctrine sûre et d'un talent hors ligne.

Forcé, dix ans plus tard, par une extinction de voix, d'abandonner sa chaire de théologie morale, il se vit de nouveau appelé à prendre part à l'administration diocésaine de Paris, avec le titre de vicaire général. Mgr Darboy lui avait toujours témoigné une profonde estime, il ne négligeait aucune occasion d'apprécier à leur juste valeur les éminentes qualités de M. Bautain et les services exceptionnels qu'il avait rendus à la religion et à la science.

Pendant les dix années qu'il passa à la Sorbonne, il publia quelques ouvrages moraux et philosophiques, toujours recherchés avec faveur par les classes élevées de la société ; fit paraître des travaux très-remarqués dans *l'Ami de la Religion*, à l'époque où la collaboration active et courageuse d'écrivains d'un mérite éprouvé, d'hommes d'État depuis longtemps connus par leur inaltérable dévouement aux intérêts sacrés de l'Église et de la France, avait élevé si haut cet organe quotidien dans l'estime du monde politique et religieux. Il s'occupait aussi avec une infatigable sollicitude du collége de Juilly, dont les élèves constituaient toujours sa famille de prédilection. Ceux qui l'ont vu de près ne pouvaient assez admirer le tendre intérêt qu'il portait à la jeunesse ; mais cet intérêt, il le lui témoignait avant tout en ne négligeant aucun moyen de lui imprimer une forte direction religieuse et intellectuelle. Il voulait former à la fois de brillants esprits et de nobles caractères, de bons chrétiens et de bons citoyens ; jamais il ne sépara son amour de l'Église de son amour de la France ; ces deux nobles dévouements restèrent toujours indissolublement liés dans son cœur. M. Bautain à Juilly rappelait cet autre athlète de la pensée et de la parole, le père Lacordaire à Sorèze, consacrant, au déclin de sa vie, à la jeunesse de France la généreuse ardeur et les incomparables facultés qu'il avait autrefois déployées dans la chaire de Notre-Dame pour la défense de l'Église et la propagation de la vérité catholique.

2.

IV

Comme s'il avait eu le pressentiment de sa fin prochaine, M. Bautain, voulant assurer l'avenir de Juilly, avait adressé un appel aux anciens élèves de cet établissement, et une association, présidée par M. Dariste, sénateur, venait d'en confier la direction aux Pères de l'Oratoire. On sait combien ces religieux avaient autrefois illustré ce collége en y formant une longue série d'hommes distingués.

Il avait encore suivi les exercices de la dernière retraite ecclésiastique avec une régularité et un esprit de foi qui avaient profondément édifié le clergé parisien. Il écoutait les exhortations spirituelles du père Olivaint avec tout le recueillement et toute la candeur d'un jeune séminariste.

Du 23 au 27 septembre, il assistait, comme membre du jury d'examen, à toutes les séances du dernier concours des chapelains de Sainte-Geneviève. Son attention ne s'était pas lassée un instant durant les longues épreuves qu'avaient à subir les candidats. On pouvait bien lui appliquer en particulier ce légitime hommage rendu aux doctes et zélés examinateurs : « Si leurs fatigues ont été grandes, ils ont trouvé une compensation dans le respect et l'assentiment unanimes qui ont accueilli leurs décisions. »

Le 13 octobre, il avait célébré avec sa piété ordinaire le saint sacrifice de la messe dans le village de Viroflay, où il avait coutume de passer la saison d'été. Il se proposait d'assister le mardi suivant au conseil hebdomadaire de l'archevêché, et de se rendre ensuite à Juilly, où l'appelaient une prise d'habit et la fête de la supérieure des religieuses de Saint-Louis, dont il est le fondateur. Frappés de la perturbation visible qui s'opérait dans sa santé, ses amis appelèrent un médecin qui le fit renoncer à ce projet. Le mardi matin 15 octobre, le mal avait pris un effrayant développement; une crise était imminente. Il fit appeler le curé de Viroflay, se confessa avec une piété et une résignation exemplaires, baisa trois fois le crucifix pour faire de nouveau le sacrifice de sa vie, reçut les derniers sacrements de l'Église et s'éteignit, une heure après, plein de confiance en Dieu et conservant jusqu'à son dernier soupir la plénitude de son intelligence. Dans ce moment suprême, armé plus que jamais de la mâle énergie et de la sérénité chrétienne qui avaient toujours formé un des traits saillants de son caractère, il ne voulut recevoir aucun des soins qu'on prodigue aux malades, afin de ne pas distraire un moment son âme de la pensée fortifiante de Dieu et de la méditation des fins dernières de l'homme.

Le vendredi suivant, ses funérailles furent célébrées dans l'église de Viroflay. La cérémonie funèbre était présidée par Mgr l'évêque de Sura et les vicaires généraux de Paris. Le deuil était conduit par ses neveux, M. d'Auribeau, préfet des Basses-Pyrénées, et M. Guillaume, membre de l'Institut et directeur de l'école impériale des beaux-arts. Suivant les recommandations expresses qu'il avait faites à ses amis les plus intimes, son corps a été inhumé dans le cimetière de Juilly. C'est là qu'il voulait reposer en paix, au milieu des religieuses qu'il y avait établies, pour s'assurer le concours quotidien de leurs ferventes prières.

Avec M. Bautain, le clergé de Paris et l'Église de France venaient de perdre une de leurs plus pures illustrations; la science et les lettres contemporaines, un de leurs représentants les plus justement renommés.

V

Il nous reste à livrer une appréciation sommaire des principaux écrits de M. Bautain et des riches facultés intellectuelles qu'il a consacrées, pendant un demi-siècle, au service de la science philosophique et de la vérité religieuse.

Le trait caractéristique de la physionomie de M. Bautain, c'est un rare et imposant ensemble de talents variés dont un seul aurait suffi pour distinguer un homme. Il était à la fois philosophe profond, écrivain élégant, controversiste éprouvé, orateur correct, moraliste plein de finesse, théologien érudit, professeur consommé.

Ses écrits sont très-nombreux et embrassent

presque tout le cercle des connaissances humaines. Mais la quantité ne porte aucun préjudice à la qualité. Tous ont un but élevé et pratique ; tous sont faits avec science et conscience. Si, comme penseur, il n'a pas l'élévation et la concision de M. Guizot, un de ses prédécesseurs à la Sorbonne ; comme écrivain, le charme et la pureté classique de M. Cousin, son premier maître ; comme orateur, l'onction du père de Ravignan, les sublimes accents du père Lacordaire, la netteté et l'inspiration du père Félix, la chaleur et l'ampleur du père Hyacinthe, il l'emporte sur chacun de ces illustres émules par la multiplicité des genres qu'il a abordés. S'il n'est, dans la véritable acception du mot, original dans aucun d'eux, il se montre distingué dans tous. Nous faisons cependant une exception en faveur du professeur ; car, comme tel,

M. Bautain peut avoir des égaux, il n'a pas de maître.

Tant qu'il fit son cours dans le grand amphithéâtre de la Sorbonne, on y vit une assistance aussi compacte, aussi sympathique et plus respectueuse qu'au cours si populaire de M. Saint-Marc Girardin. Sa figure pleine de majesté et de noblesse, son regard serein et pénétrant, son attitude à la fois austère et bienveillante commandaient le silence et le respect. Lorsque la faiblesse de sa voix l'eut obligé à faire son cours dans un local plus restreint, il fallait s'y présenter longtemps à l'avance pour trouver une place convenable. Au nombre de ses auditeurs les plus assidus on remarquait l'élite de la société intellectuelle. Sa parole était mesurée, sobre, familière, lumineuse, allant toujours droit au but. Ses aperçus brillaient par la vigueur, la

clarté, l'actualité et l'intérêt. Nous l'avons
entendu, pendant la guerre de Crimée, ex-
pliquer le droit des gens avec une supério-
rité de vues et une aisance de langage, un
mélange de causticité et de bonhomie dans
ses allusions aux événements contempo-
rains, qu'on ne se lassait point d'admirer
et d'applaudir. Il s'était établi une com-
munication intime entre le professeur et
l'auditeur; d'un côté se trouvait un maître
sympathique dont la parole était pleine
d'autorité et de prestige; de l'autre , des
disciples respectueux et reconnaissants ,
avides de s'instruire à une si bonne école.

Nous sommes heureux qu'une feuille pa-
risienne ait répété, en publiant la nouvelle
de la mort de M. Bautain, ce témoignage
caractéristique d'un de nos doctes professeurs, qui a occupé avec tant de distinction

l'une des chaires les plus importantes de la faculté des lettres de Paris : « Bautain, disait un jour M. Gérusez, c'est notre maître à tous. »

Signalons parmi ses ouvrages philosophiques son traité de *Philosophie morale*, un autre traité de *Philosophie et psychologie expérimentale*; parmi ses ouvrages de controverse, *la Religion et la Liberté considérées dans leurs rapports*, *Réponse d'un chrétien aux Paroles d'un croyant*, de M. de Lamennais, *la morale de l'Évangile comparée à la Morale des philosophes*. On remarque dans ces différents ouvrages une exposition claire et méthodique, une discussion serrée, mais toujours pleine de convenance et de modération dans les termes, une connaissance profonde de la morale évangélique et païenne, un esprit avide de convaincre et de persuader, qui use avec ménagement et sobriété de l'arme victorieuse de la controverse dans la crainte.de blesser et d'aigrir les adversaires.

Parmi ses ouvrages didactiques nous mentionnerons un excellent traité sur l'art de la composition et de la diction oratoire ; parmi ses ouvrages de morale, la *Philosophie du christianisme, la Morale de l'Évangile comparée aux divers systèmes de morale.* Ce dernier livre renferme une partie de son cours de théologie morale à la Sorbonne ; c'est un chef-d'œuvre d'exposition et de controverse.

Ses livres de direction spirituelle et de piété sont très-estimés et très-répandus dans le monde. En les lisant sérieusement, on s'aperçoit d'abord qu'il avait fait une étude approfondie des livres saints, de saint Augustin et de Bossuet; ensuite, qu'il connaissait très-bien la société actuelle avec ses tendances et ses besoins, ses faiblesses et ses travers. Il y déploie un esprit toujours élevé et pratique, quelquefois légèrement railleur et incisif. Pour mieux aider à corriger un défaut, il ne craint point de montrer avec finesse le ridicule qu'il entraîne à sa suite. Les pères et mères de famille liront avec fruit *la Belle Saison à la campagne*, les *Conseils spirituels* et *la Chrétienne de nos jours*.

VI

Malgré un abord un peu froid et austère,
M. Bautain avait une rare bonté de cœur.
Digne et ferme en face des grands, il se mon-
trait plein de simplicité et d'affabilité pour
les petits. Pendant son passage dans l'administration diocésaine, il a toujours réservé
ses meilleures sympathies et ses plus tendres
encouragements pour les prêtres humbles
qui n'avaient d'autres préoccupations que de
se sacrifier tout entiers aux fonctions les plus
pénibles et les plus obscures du ministère sa-
cerdotal.

Il a pu rencontrer sur son chemin des adversaires prévenus et ardents ; mais le moindre
sentiment d'aigreur et d'amertune n'a jamais

pénétré dans les hauteurs sereines de son âme.

Il n'a jamais cherché d'autre satisfaction que celle du devoir noblement rempli. Il avait un rare esprit de foi qui l'a soutenu dans toutes les luttes et toutes les épreuves de la vie. Sa piété était peu expansive, mais élevée, pure et grave comme la grande âme qu'elle vivifiait. Il est mort comme il avait vécu, le regard fixé sur Jésus-Christ dont il avait vaillamment épousé et vengé la cause.

Les sophistes et les sceptiques de nos jours, qui puisent dans leur arsenal tant d'accusations et de reproches contre l'Église et ses ministres, n'ont qu'à ouvrir la vie de M. Bautain. Ils trouveront dans ce livre éloquent la meilleure réponse à leurs accusations et à leurs reproches d'idées étroites et rétrogades, d'intolérance intéressée et obstinée. M. Bau-

tain n'a pas seulement dignement servi l'É-
glise, il a encore grandement honoré son
pays et son temps par sa haute intelligence,
son noble caractère et ses glorieux travaux.
Nous ne pouvons mieux résumer nos faibles
impressions qu'en rappelant la belle lettre
que lui adesssait, il y a quatre années, un
juge compétent, Mgr l'archevêque de Paris.
C'est le plus touchant éloge qu'on puisse pro-
noncer sur sa tombe.

« Cher monsieur Bautain,

« Je regrette vivement qu'une fatigue pro-
longée de la voix vous empêche de continuer,
à la faculté de théologie, le cours de morale
que vous y professez depuis quelques années
avec un talent considérable et un succès soutenu. En même temps que mes regrets, rece-

vez mes remercîments pour le bien que vous avez fait à la jeunesse des écoles par vos sérieuses et savantes leçons.

« Mais je ne veux pas qu'en quittant votre chaire de professeur de la faculté de théologie vous cessiez d'avoir une situation en rapport avec vos longs services et votre mérite apprécié ; il m'en coûterait de ne vous voir appartenir au diocèse de Paris que par le séjour que vous y faites.

« Je vous offre donc la plus haute distinction dont je puisse disposer, et je vous envoie des lettres de grand vicaire. C'est un témoignage de mes sentiments pour vous ; je serais bien aise qu'on y voulût voir aussi un hommage rendu à la science en général et à votre talent en particulier, un encouragement donné à la faculté de théologie et aux ecclésiastiques qui en suivent les cours, enfin un désir de marquer mon estime à l'éminent clergé de Paris en lui rattachant au moins par un titre honorifique l'un des prêtres les plus distingués du clergé français.

« Agréez, cher monsieur le vicaire général, la nouvelle assurance de mes sentiments d'affection dévouée.

« † GEORGES, *archevêque de Paris.* »

Une croix et une religieuse pour veiller et prier sur sa tombe, voilà tout ce que M. Bautain a demandé à la terre, au moment où il allait la quitter. Mais une croix et une religieuse ne devaient point l'accompagner seules à sa dernière demeure ; il y est descendu avec les bénédictions du ciel, la reconnaissance de

Église, l'estime et la vénération de ce qu'il a de plus intelligent et de plus honorable à Paris et en France.

L'ABBÉ LAMAZOU,

Vicaire de la Madeleine.

PARIS. — E. DE SOYE, IMPRIMEUR, PLACE DU PANTHÉON, 2.

www.ingramcontent.com/pod-product-compliance
Lightning Source LLC
Chambersburg PA
CBHW061300050726
47594CB00004B/1556